누가 나를 부르는가

오름시인선 · 26

누가 나를 부르는가

펴낸날 _ 2014년 11월 26일
지은이 _ 홍순갑
펴낸곳 _ 기획출판 오름

등록번호 _ 동구 제 364-1999-000006호

등록일자 _ 1999년 2월 25일

주소 _ 대전광역시 동구 대전로 815번길 125 2층 (삼성동)

전화 _ 042.637.1486

팩스 _ 042.637.1288

E-mail _ orumplus@hanmail.net

ISBN _ 978-89-90151-74-2

값 8,000원

오름시인선 · 26

누가 나를 부르는가

홍순갑

시인의 말

시를 기다리는 동안은 고통스럽고도 행복하다. 언제쯤 그 시가 나를 불러줄까.

2014년 늦가을

홍순갑

차례

2부

1부

느릅나무 그늘 아래

느릅나무 그늘 아래 어린 빰이 한껏 초록으로 물들다

물속에 든 아름나무 출렁이는 허공을 펼쳐 보이다

오롯 깊이 생각에 잠겨 물음은 기약 없는 계절을 따라가다

나뭇잎 서걱대며 익어가는 동안 저녁 귀뚜라미 울음 기우는 수면에 길게 번지다

초록은 붉게 덧칠해져 낡아가며 마침내 지다

어깨 수척해진 느릅나무 그늘 아래

나무가 시이며 음악이며 그림이며 저 자체가 조출한 생명들이 깃든 집이며…

그런 모든 것이 결국 나의 다른 모습이었다는 것을

흔들리며 한 생애를 살고 나서야 가까스로 깨닫다

직선을 구부리다

직선은 견고하다

사막인 듯 건조하고 팽팽하고 조급하다

예순 넘어 세상 점점 멀어지며 빛 보다 그늘에, 달리기보다 천천히 걷기에 대해 진지하게 생각하게 되었다

한적한 시골길을 걷는다 숲길 따라가 굽이진 시냇물 한참 동안 들여다보거나 햇볕 쨍쨍한 날 그늘에 들어 햇매미 소리에 귀 기울여 보지만 내 안의 직선은 요지부동이다

사랑의 눈빛은 곡선이다 숙면도 곡선이다 일에 몰두하는 것도 곡선이다 마음의 여유는 더욱 길게 늘여진 부드러운 곡선이다

미소가 아름다운 것은 얼굴을 둥글게 만들어주기 때문이다

나를 어떻게 구부려야 하나

바람詩

인월引月 매동梅洞 지리산 둘렛길, 이월 초승달이 한껏 당겨와 갸웃갸웃 중천을 흘러갑니다 솔숲 스쳐가는 바람소리 꽃멍울 매화 가지도 함께 흔들리는 불립문자 문향聞香, 살랑살랑 공중을 맴돌던 시가 가슴에 물들어 목숨이 조금 가벼워진 듯합니다

〈시작노트〉

봄 오기 전 지리산 둘렛길, 매화는 피기 직전이고 바람 불어 솔숲이 흔들렸다. R선생이 말했다. "잘 들어봐. 이게 바람詩야."

거울

거울 하나 놓고 들여다본다 어느새 늙었구나 삭풍 불어 한겨울 눈 쌓인 외진 산촌 닮았구나 눈은 붉거지고 광대뼈는 솟았구나 어느 머나먼 별을 기다리다 잠 못 든 채 검푸른 바다를 헤엄치느냐 마음 닦듯 거울 닦으며 나를 들여다본다 흐린 기억 저편 자욱한 안개비와 시간의 굴절, 고개 숙인 채 오래된 골목으로 걸어가는 네가 너무 낯설구나 하염없는 나여

굵은 손가락

평생 농사만 지은 아버지 손가락은

굵고 갈라지고 메마르고 딱딱하고 거칠다

아버지 손바닥에는 땅의 지도가 울퉁불퉁 새겨져 있다

모든 게 그 안에 다 있어 펼치면 세상이 훤하다

어디든지 갈 수 있다

이 굵은 손가락이 세상을 읽는 아버지의 눈이다

아버지의 독도법은 갈라지고 메마른 손가락으로 하나 하나

땅 짚어 띄 엄 띄 엄 읽는 것이다

어둡고 거친 세상을 더 듬 더 듬 거리며

가늠 없는 세월 따라 느 릿 느 릿

기어가는 것이다

초록의 안쪽 가장자리

마음 깊은 곳에 한 획을 긋는다는 것은 산 하나를 허공에 세우는 것과 같아

기슭에 깃든 산짐승들 멋대로 날고뛰는 것 멀찍이 바라보면 겹겹 능선은 아스라이 빛나고

앞서 가는 이도 없고 뒤 따르는 이도 없는 호젓한 산길에

소리 맑은 개울 건너며 무슨 생각을 할까 이 숲엔 무슨 생각이 자라고 있을까

숲길 따라 걷다보면 생각은 저절로 사라지고 쓸쓸하나 쓸쓸함도 잊혀지고

때로는 떠났던 생각이 불쑥 돌아와 춤이라도 추듯 마음에 그었던 한 획을 살짝 당기면

낮은 길 따라 생겨난 골짝으로 새끼염소 울음 같은 산물 얕게 흐르고

사랑이었나, 허공 가득 흐르는 바람결에 풀잎도 덩달아 작은 몸을 떨며

혼곤하게 젖어드는 초록의 안쪽 가장자리

간격

마당 가 철없던 꽃들
철들어 꽃피었으나 이미 지고
꽃 진 자리에 잠시 쉬었다 날아가는
하얀 나비
그 자리 씨앗 떨어져
다음 생을 준비하고 있다
이순에 몇 년 덧대인 한 생
저승까지의 거리는 얼마인가
손닿을 듯 나풀거리는
무심한 오후의 간격

간고등어

어느 깊고 푸른 바다에 살았나

어둠속에 가라앉아 한 여자 울고 있네

쉬 눈물 마르지 않네

빈 집 같은 여자 가진 것 다 내주고

텅 빈 채 깊이깊이 울고 있네

남은 것은 껍데기뿐이네

생의 파도 견디느라 무던히도 거칠던 바다

짜디 짠 가슴 절여

깜깜하게 등지고 한없이 흐르네

숲으로 가는 길

태풍 지난 뒤 숲으로 가는 길, 머릿속 맴돌던 꼬리 긴 생각들 함께 가자 따라 나선다

길 여기저기 부러지고 뜯긴 가지들 더러 아름나무도 뿌리 드러낸 채 쓰러져 있다

아픔 많은 사람들이 서로 보듬어 안듯 바람 불 때마다 숲은 상처에 상처를 맞대 부비며 낮은 목소리로 운다

숲속에는 더 깊은 숲으로 가는 길이 멀리까지 이어져 있다

삶에도 길이 있어 먼 길 담담히 따라가면 가끔은 더 깊은 삶에 이르기도 할 것이다

고요한 듯하지만 맨몸인 채 비바람에 흔들리며 계절을 받아들여 숲은 이만큼이나 깊어졌다

누구든 더 깊은 숲에 이른다면 그의 삶도 숲처럼 아픔 딛고 샘물같이 맑고 깊어지리라

숲으로 가는 길에는 시간이 멈춘 듯 가슴 속 붉게 피어난 생각들로 반짝이며 빛나기도 한다

멀리까지, 더 깊은 숲으로 가라는 듯 손 흔들며

뼈

아내가 한보따리 뼈를 우린다 통 속에서 오래 우려지는 동안 뼈들은 육신을 조금씩 버렸다 뼈 한가운데로 생을 관통하는 구멍이 둥글게 드러났다 아흔둘의 생을 병실에서 쓸쓸히 하직하신 장인, 무언가 하고 싶은 말씀이 남았는지 혀를 말아 목구멍으로 넘길 때의 간절한 눈빛을 내 마음 속에 새기려 애썼다 몇 시간 우려진 끝에 물렁뼈가 있던 무릎과 넓적다리와 정강이뼈들은 희게 완전한 해탈을 얻었다 한 점 티끌도 없이 어린아이처럼 순수하다 장인께서는 무슨 말씀을 하고자 하셨을까 목울대를 울리지 못하고 삼켜진 말씀의 뼈, 아무도 건널 수 없는 길을 떠날 때의 슬픔은 남은 자의 것이다 아내는 말없이 뼈를 골라 물을 붓고 다시 오랫동안 우렸다 미처 하지 못한 말씀의 뼈를 가슴에 우려 무엇을 하려는 것일까

대화 · 2

어느 날 스승이 그림을 그리고 있었다
"무엇을 그리십니까"
"달을 그린다"
"그런데 왜 달은 없고 구름만 그리십니까"
"홍운탁월烘雲托月이니라"
"그게 무엇입니까"
"구름을 그리면 달은 저절로 드러나는 법이다"
그때 구름 사이에서 달이 얼굴을 조그맣게 내밀었다
"어떻게 제 마음을 달처럼 드러낼 수 있습니까"
"네 마음에 어리는 구름을 그려라"
"마음에 어리는 구름에 무슨 형상이 있습니까"
"본래 마음도 형상이 없느니라"
"형상이 없다면 어떻게 그림을 그릴 수 있습니까"
"달을 달이라고 보는 그것이 곧 네 마음이다"
그러고는 붓을 들어 마지막 한 획을 그었다
범종이 울 듯 먹물 번지자
중천의 달이 환하게 구름을 벗어나고 있다

대화 · 3

스승은 손수 물을 끓여 대접 가득 따랐다
몇 송이 국화꽃을 띄우자
출렁이며 넘치는 하늘에 금세 가을이 만개했다
스승은 찻잔을 들어 음미하듯 먼 곳을 보며 말했다
"선禪 없는 차茶는 깊은 곳을 보지 못하고
차 없는 선은 참맛을 모르느니"
어느새 날 저물어 어둑거미가 지고 있다
"달 떠오르면 강이 제법 깊겠구나"
"내일이 그믐입니다"
"그래, 보름이 머지않았구나"
스승은 다만 깊이 앉아 어둠을 응시할 뿐이었다
"어둠이 너무 밝지 않느냐"
"저는 어둡기만 합니다"
"강물 속에 달 있으니 어찌 밝지 않으리"
돌아앉는 스승의 찻잔에 만월이 둥실 떠 함께 흐른다
매서운 바람이 창문을 흔드는 밤이다

대화 · 4

“경經을 읽는 것보다 밭의 풀을 뽑는 게 더 참다운 수행이니라”

“저는 오늘 참다운 수행을 하였습니다 종일 밭의 풀을 뽑았습니다”

“풀을 뽑으며 무슨 생각을 하였느냐”

“풀이 무성한 것이 꼭 내 마음 같았습니다”

“마음에 풀이 무성한 데 왜 뽑지 않느냐”

“밭의 풀은 뽑을 수 있으나 마음의 풀은 뽑을 수 없었습니다”

“밭의 풀을 뽑는 것이 곧 네 마음의 풀을 뽑는 것이다”

“드디어 저는 밭의 풀을 다 뽑았습니다”

“마음의 풀도 뽑았느냐”

“밭의 풀을 뽑는 것이 마음의 풀을 뽑는 것이라 하지 않으셨습니까”

“네 마음도 볼 겸 밭 구경 좀 해보자”

밭에는 새로 나온 풀들이 무성하게 자라고 있었다

“풀은 한 번 뽑았다고 없어지는 것이 아니다 부지런히 뽑고 또 뽑아야 자라지 않는다 마음의 풀도 이와 같다”

심심산방 · 1

산머리에 솟은 눈썹달이 해죽해죽 싱거운 눈웃음을 칠 때

산새 울어 숲의 아래께가 파르르 떨릴 때

새 잎 돋는 패랭이 둘레로 성긴 찔레향기 하얗게 번질 때

일체 소리에 깃든 고요가 느리게 깨어나

빈 방안이 까맣게 무르익어 화들짝 심심하다

이울어진 별하늘 아득하도록 심심한 밤은 바람조차 은밀하게 산속으로 젖어든다

무심한 듯 멀리 구부러진 능선이 조용히 빛나기도 하면서

심심산방 · 2

가는 빗속에 뻐꾹새 우네

빗줄기 굵어지라 뻐꾹새 우네

자작나문가 오동나문가

가슴에 초록 물든 뻐꾹새 우네

멀리 가는 저 울음 누가 와서 듣나

집도 없이 간절하게

이 가지 저 가지

흐드러진 뻐꾹새 울음

산허리에 만발하네

잠깐 사이

이슬 마르기 전 얼추 익은 들깨 베다가
무언가 툭 떨어지는 것 본다
등을 부둥켜안은 채 꽁무니 맞대고
사랑에 빠진 사마귀 한 쌍
이를 어쩌나, 방해라도 될까봐
슬그머니 자리 비켜 다른 곳으로 갔다
저 청춘들이 어떻게 만나
지금 햇살 눈부신 사랑을 나누는가
그러나 사랑의 종말은 암컷에게
황홀하게 잡아먹히고 만다는 사실에 혼자 울컥했다
수컷의 기꺼운 살신보시로 암컷 배는 살지고
알은 알로서 익어가는 것,
이것이야말로 숭고한 사랑일 터
다음 생에라도 어디서 수컷사마귀를 만난다면
두 손 합장하여 경배하리라
나도 사랑을 만나 일가를 이루며 살고는 있으나
아직까지 육신을 바칠 엄두가 나지 않는다
몇 해 환갑을 넘어서더니 이제는
들깨 베는 일이 버겁고 사랑은 더더욱 힘겨워

육신이 덧없게 여겨지는 때가 있다
잠깐 사이,
흔적 없이 왔다 가는 저 부러운 수컷사마귀

화안 畫眼

나 山水에 들어 그림이나 그리려네
붓은 필요 없고 종이도 필요 없고, 모질게도 사나흘쯤 굶어
먼 눈[盲] 하나 얻는다면 보는 게 진실하다 않겠는가
어금니 깨물어 사나흘 더 굶어 혼몽한 정신
보고는 있으나 보이는 게 없다면
눈을 얻으려다 도리어 잃었으니 밤은 더욱 깊으리
내친김에 죽자 사자 사나흘 더 굶어
몸 야위고 창자 등뼈에 붙고 손발 오그라들면
피골상접 틈새로 벼린 칼 꿈속까지 깊이깊이 찔러 넣어
어둠은 소스라쳐 먼 새벽을 깨우리
나 모두 잊고 山水에 들어 그림이나 그리려네
붓도 없이 종이도 없이, 속진 가득 찬 뱃속 말끔히 비워내면
눈으로 보되 마음에는 사랑이 일고 귀로 새소리 듣더라도
가슴 속에서는 불꽃 일어 북풍한설 춥지 않으리
나 이제 山水에 들어 그림이나 그리려네
최후 일획, 혼신의 힘 다해 달포 쯤 더 굶어
몸 속 수분은 바람으로 빠져나가고
너른 바위 정좌하여 떠돌던 혼백 불러들여
텅 빈 가슴 중천에 보름달 높이 띄워 심안 형형하게 밝힌 후

회오리 큰 바람 허공에 펼쳐 일필휘지 山水를 그리려네
그러다가 못 이룰 꿈 속절없이 숨 놓으면
넋 두고 떠나간 山水로나 여기시게

〈시작노트〉

明末清初의 화가 董其昌은 그의 화론『畵眼』에서 “만 권의 책을 읽고 만 리를 걸으면(讀萬卷書, 行萬里路), …손 가는 대로 그려도 이 모두가 山水의 傳神”이라 했다.

풍설야귀인*風雪夜歸人

먼 길 오셨네 조랑말도 없이
얼마나 걸었기 몸 야위고 옷은 남루신가
몰아치는 눈보라 헤치며 꿈꾸는 듯 허공을 부르는 듯
가지 끝 휘어지도록 불어대는 시퍼런 칼바람에
핏방울 뚝뚝 지도록 그리움만 낭자하네
스쳐가는 주막마다 잔 가득 허무를 채우며
술은 망각이 주는 꿈이요 그림은 영혼의 시였던가
길에서 해를 맞고 길에서 달을 보냈으니
모진 비바람 어딘들 없었으랴
대숲에 어리는 몽환의 달빛 문밖에 걸어놓고
벼린 붓 휘둘러 생을 앓는 나그네여!
한 획 그으면 산천이 몸 비틀고
한 획을 그으면 미물들이 생동하거니
텅 빈 산에 맑은 물 흐르고 꽃은 피었으나 보는 이 아무도 없네**
살아 정처 없었으나 세상 정처 아닌 곳도 없으매
환영같이 흐린 세월 빛처럼 빨랐으리
어느새 늙은 몸 억장 무너지는 절조의 자존 때문
눈 하나 뽑아내고 자화상을 그렸으니

시객지우詩客知友들만은 그 심중을 꿰뚫었으리
뼈아픈 사랑도 했으리 붙잡을 길 없는 마음의 갈피
다정도 병이어서 몸이 먼저 무너졌는가
화폭 위에 남긴 절창 적막 아래 포근히 폭설 덮고
조롱받던 메추리 칠칠 최북 긴 잠에 드셨네
잠 위에 백설 분분 어둠이 내리시네

*「風雪夜歸人」은 최북(1712~1786?)의 대표작 중 하나. 그는 詩書畵에 능했다고 함.

**최북 작 「草屋山水」의 畵題 '空山無人 水流花開'를 차용함.

복사꽃 질 무렵

복사꽃 피면 보란 듯 내놓고 나 사랑 한번 하리
피어도 파란 하늘 뭉게구름 뭉게뭉게 번지도록 피어
울렁거리는 가슴 흐드러지게 피어
피었다가 시나브로 꽃바람에 복사꽃 우수수 질 무렵
복사꽃그늘에 도둑처럼 숨어들어 단내 나도록 신열에 들떠 사랑 하리

기다림은 길어 입춘 지났으나 날은 더욱 추워
이월 가고 삼월도 가고 가슴 가득 만월이 돋는 그때
복사꽃 질 무렵 복사꽃 환한 꽃그늘에
쏟아지는 꽃비 맞으며 독한 사랑 한번 해 보리

꽃잎 지는 꽃그늘에 분홍치마 펼쳐놓고 지는 꽃잎 고이 받아 꽃방석 만들어 조심조심 사랑을 앉혀두고
적삼 벗기고 속치마 벗기고 속곳 벗기고
해도 달도 눈부셔라
먼 산 한번 보는 사이 헛기침 두어 번 하는 사이
지는 꽃잎 소복 쌓여 함박눈 펄펄 푸짐히도 쌓여
머릿결 덮고 콧날 덮고 입술 덮고 젖가슴 덮고 아랫배 덮고 가녀린 두 다리 덮고

마침내 세상 다 덮어 천지 구분 없게 되면
수묵화를 그려내듯 마음 다해 세필 들어 꽃잎 하나하나 열어가며 우악한 짐승같이 사랑 하리

세월은 가는 것 좋은 날도 힘든 날도 모두모두 가는 것
꽃 지면 내 사랑도 떠나고 말까
활짝 열린 꽃잎 마다 모닥불 지피듯 뜨거운 숨을 불어
헝클어진 가야금 열두 줄을 자진모리 휘몰이 신명나게 춤추면 거친 물결 뒤집는 폭풍우 휘몰아쳐
아무 것도 보이지 않고 아무 것도 들리지 않고
내 한 몸 복사꽃잎 열린 속으로 깊이깊이 묻히리

낭자한 허무 끝에 복사꽃 지고 말면 말없이 사랑은 떠나가고
그 자리 내 홀로 죽은 듯 수 삼년 지내다가
지는 꽃잎 어리는 달빛 몸 부비며 산이라도 무너트릴 적막을 깨워
붉은 산울음 울기도 하리

산벚

이 아찔한 농염을 어쩌냐
산모롱길 언덕 위에
진달래 한창인데
맵찬 바람 몰아쳐
때 아닌 눈발 흩날리네
아우성치는 산죽
산벚 만개한 꽃잎들
와그르르
눈보라 속에 자지러지네
이 아찔한 농염을 어쩌냐
어지러운 봄날
몸 파고드는 꽃화냥이라니

봄 고요

누가 이 작은 풀꽃을
고요마음에 흩뿌려 놓았나
졸졸 흐르는 물줄기
너울에 떠가는 달빛을 흔들며
가슴 스쳐가는 실바람
어루만지듯 낮은 현을 울리는
풀꽃들의 시선
눈 맞춰 마주 바라보면
이렇게 작을 뿐이네
모자라지도 넘치지도 않게
살그머니 흙덩이 밀어 올리는
고요의 힘일 뿐이네

봄 밤

흰 눈 쌓인 강가로 봄이 오는 길목
마음 한 자락 흘러 흘러서 내려
너에게 떠가는 이편에
하염없는 창가의 매화를 혼자서 보았네
붉은 꽃봉오리 부풀어 강은 자꾸 길어지고
그리움이 흐르는 시린 상념의 발치
문밖에 어른대는 달빛을 오라지워
머리맡 빈 시렁에 걸어두었네
세월 따라 두근대던 가슴은 식고
사랑이라는 말조차 아득히 멀어지고 말아
저 홀로 고요 강물 깊이깊이 잠겨
반짝이며 부서지는 달빛만을 생각하네
가슴은 통점痛點의 바닥에서
솜사탕인양 녹아내리며
지나간 모든 것이 아름다웠다고
어둠 몰고 가는 강물 먼발치서 보네

네 개의 통장

드문드문 등산객들 오가는 오르막길 두 번 쉬고서야 시루봉 정상에 당도했다 노인 몇과 중년 부부 서너 쌍 정자 그늘에 앉아 담소하고 초로의 한 여인은 폭염 쬐는 햇볕 쪽에 앉아 책을 읽고 있다 여인은 산꼭대기에서 '추억의 아이스께끼'를 판다 커다란 아이스께끼통을 짊어지고 일곱 번 쉬어 올라왔다는 깡마른 여인의 등에 누가 매달려 있는 것인지 궁금했다 천 원 하는 어릴 적 아이스께끼를 하나 사먹었다 곁눈으로 책 제목을 보니 '네 개의 통장'이다 꿈을 가슴에 끌어안으려는 여인의 소망이 간절하게 읽혔다 해는 중천, 네 개의 통장에 천 원 하는 아이스께끼가 더딘 걸음으로 기어들어가고 있다

말을 잊은 말들에 대한 말

어느 날 말들이 마구간을 떠나갔다 토마는 날아갔고 야생마는 온 몸에 불을 켜고 달려갔고 나귀는 돌아와 이 말을 전하고 죽었다 그녀는 말들과 함께 마구간에서 산다 돌아오지 않는 말을 기다리며 빈 마구간에서 산다는 말처럼 쓸쓸한 말은 없을 것이다

말들은 얼마나 멀리 간 것일까

그녀는 말이 말들과 멀어졌다고 말한다 말들은 마구간에서 멀어지기 위해 달렸다 토마는 날아갔고 야생마는 온 몸에 불을 켜고 제 뼛속 목숨의 촉燭을 활활 태우며 달려갔다 말들은 마구간을 떠났으나 말소리는 끊임없이 풍문처럼 들려온다 말 없는 말이 만 리쯤 갔는지도 모른다

말들이 떠나가자 그녀는 말을 잊었다 그녀에게 말은 바다였다 말을 잊었으므로 바다도 잊었다 텅 빈 바다 아득한 망해忘海의 구석에서 望海寺의 조각달이 떠올랐다

한때 그녀는 생황을 분 적이 있다 만월 한가운데서 생笙의 혀를 혀로 물고 죽관의 음공 속으로 바람을 불러들이면 저미는 음의 신명이 심금을 울렸다 그 때문에 말들도 오래 전에 말을 잊고 말았다

말들이 당도한 곳은 광활하고 거친 사막이었다 보름날 밤 그녀는 자신의 허리를 베기로 결심했다 달이 떠오르는 시각에 弓의 명장에게 자신을 맡겨 궁륭 같은 활이 되기를 바란 것이다 말을 잊은 말들은 모래언덕에 올라가 떠오르는 달을 바라보며 흉중의 심금이 울릴 때를 기다렸다

자신을 바쳐 무엇이 되려는 목숨의 경각에 일생을 필畢하는 촌음의 황홀을 위해 그녀는 떠오르는 달을 향해 생笙을 길게 불었다 한식경이 지났을 때 명장의 검이 궁륭의 곡법을 그으며 그녀의 허리를 비껴갔고 그 순간 달빛 섬광이 희게 빛났다 날이 밝으면 말들은 천궁天弓 하나를 사막의 하늘에서 보게 될 것이다

말을 잊은 말들은 아무 말도 할 수 없으리라

〈시작노트〉

이채강 시집 『등불소리』에 토마 야생마 나귀의 얘기가 전한다. 여기에 쓰인 시어는 대부분 『등불소리』에서 따왔다.

독경 讀經

누가 펼쳐놓았는가, 이 경전經典
난해한 글자들 무성한 돌밭에 엎드려
낫 놓고 기역자 구불구불 리을자
더듬더듬 맨땅을 읽는다
엉킨 글자 하나하나 매듭 풀며
풀 뽑고 돌 줍고
모종 심고 줄 매어 덩굴 올리고
삐뚤빼뚤 한나절 읽었으나 겨우 한 뼘이다
활활 화염 속에서 사리가 익듯
비바람 폭염 뚫고 동그란 글자들 익어 갈 것이다
이 지극한 불립문자
서툰 먹물로는 독해할 수 없는
상형象形의 말씀 그려보려 애써보지만
글귀 언저리서 맴돌기만 한다
아버지 어머니 알뜰한 마음으로 가꾸시던
저 동글동글한 생명의 글귀
흉내만 내다 솔바람에 책장이나 넘기는
책장 넘기다가 세월만 보내고 마는
덧없는 세월 백설분분 내게도 어느새 겨울

경전 위에 엎드려는 있으나
꿈꾸는 무한의 경전耕田
긋다말다 잡초만 무성한 게으른 필경筆耕,
마음 떠도는 하늘만 눈에 부시다

늑대를 찾아서

늑대울음소리를 들었다
여러 마리가 한꺼번에 울부짖는 공명음은
골짜기에 반짝이며 처연하게 부서졌다
까닭도 모른 채 닫혀버린 시간의 철창 속으로 끌려 와
조롱하며 영혼의 존엄을 짓밟는 자들에 대한
비분강개가 폭설이 되어 쏟아진다
오지에서 늑대울음은 가슴에 스며 전율을 일으킨다
가문의 몰락을 지켜보는 시퍼런 눈길이
잠든 본능을 되살려 등줄기에 갈기를 세운다
타이가의 자작나무 숲과 시베리아 동토는
광활한 영감의 땅이었다
달디 단 순록 냄새는 어디 있는가
거칠게 초원을 내달리던 들소 무리는 어디로 갔는가
툰드라의 주인이자 영혼이던 시절의 영광은
다시 돌아오지 않을 것이다
백야를 응시하며 눈보라 속을 달리던
질주본능을 누가 빼앗아 갔는가
표적을 포착하는 투시력과 색깔까지 감지하는 후각이
한낱 장식품이 되어버린 비참이야말로

비루鄙陋를 극한 죽음과도 같다
야성의 용맹이 굴종으로 바뀌어버린 참담을
영어囹圄의 몸으로 감내해야 하는 울음예배의 처절을 덮기 위해
눈은 아직도 내리고 있다
옆구리에 더듬이가 생겨나 자꾸만 허공을 더듬거린다
혼자 걸으며 더 늦기 전에
잃어버린 늑대를 찾아야 한다고 생각했다
활기가 생명의 경외를 부르는 뜨거운 심장을 위해
척박한 도시의 오지로 간다
거기 아직도 늑대는 살고 있을까

묵매도 墨梅圖

한 사내가 끔찍이도 주막거리 매화를 사랑했더란다

사내는 한 때 자객질을 했었는데 사랑만은 지고지순 해와 달이 바뀌어도 변할 줄 몰랐다더라

매화 꽃망울은 언제나 붉어 봄 오기 전부터 아랫께에 물오르고 몸은 때도 없이 달아올라

한철에는 꽃마다 잎마다 낭자하고 흥건하더란다

사내 심정이 어떻겠느냐

바람만 불어도 가야금이 줄줄이 놀고 날라리가 가락을 이어주면 꽹과리 장구가 맞붙어 판을 벌려 날뛰는데

달밤이면 오금 박듯 징소리가 심장까지 깊이깊이 박혔단다

세상에 그런 사랑이 어디 또 있겠느냐

죽이 맞아 연놈이 해를 넘겨 밤낮으로 붙어먹으니 꼴사납기도 하려니와

바람기에 분 냄새에 아녀자들도 덩달아 덩실거리는 통에 원님이 아예 매화를 밑동에서 베어버렸다는구나

그 후의 살벌을 어떻게 다 말로 하겠느냐

역질이 돌았다고도 하더라마는 사내가 미쳐서 목숨의 씨를 말렸다는 소문도 있기는 하더라

사내가 작심했더란다

벨 수도 꺾을 수도 없는 매화를 심으리라

어떻게 벨 수도 꺾을 수도 없는 매화를 심을 수 있겠느냐

두문불출 묻혀 지내던 사내가 마침내 폭설 뚫고 지필묵 한 지게 가득진 채 외딴산골 늙은 환쟁이를 찾아가

사생을 결단코 매화만을 그렸단다

칼 휘두르던 솜씨가 있어 어찌어찌 난을 치면 난 잎이 칼춤을 추고 댓잎을 뿌리면 적벽대전이 따로 없다 하더라

수 십 년이 흘러 봉두난발 뼈만 남은 늙은이가 눈만은 형형하게 살아있어 귀신이 다 되었는데

하루는 종일 먹을 갈아 기굴생동奇崛生動 매화의 굵은 둥치와 가는 가지를 붓 가는 대로 그려 넣고 손을 베어 선혈로 가지마다 꽃무덤을 피웠다 하더라

늙은이는 지붕까지 파묻히도록 가득가득 나무를 쌓은 후 만월을 기다려 꿈속인 듯 필생의 묵매병풍 열 폭을 방안에 둘러놓고

단 앞에 무릎 꿇어 제 손에 죽어간 희생들에게 제를 지내 속죄한 후 매화를 향한 마음을 당겨 불을 지폈더니라

화광이 하늘을 덮어 무간지옥 활짝 열려 내리 사흘을 솟구치던 불길이 때 아니게 한 보름 폭우로 흔적 없이 지워졌다는데

너는 이 매화를 꺾을 수 있느냐 벨 수 있느냐

월명행 月明行

어두워야 보인다네
어둠 속이라야 갈 수 있다네
마음의 눈으로 보고
하루 세 발짝만 가야 한다네
어두운 나는 어디로 가야 할지 모르네
수척해진 땅 거스르지 못해
차마 걷지는 못하고 조심조심 구름 위를
세 발짝 내딛고 엎드려 잠들었네
오체를 투지한 채 영원을 향해
지붕 위 박꽃 같은 둥그런 꿈을 꾸네
마음만은 편안했네
어두웠으나 밝았으므로 잠은 깊었네
까마득 먼 길이 지척이었네
아무도 모르게 그 밤
휘영청 나 홀로 月明에 드네

꽃의 자객

이른 봄 심은 초록이 무럭무럭 자라 부리 속의 혀가 되었다

초록에 숨어 혀를 문 채 밤마다 새가 운다

이토록 무른 게 검劍이 될 수 있을까

봄 가는 동안 붉게 달군 봉오리 속 혀를 두드려 날 선 검으로 구부렸다

음공音空을 담금질한 소리의 탁마琢磨가 화관을 따라 뿌리에서 검의 꼭대기로 번졌다

이것으로 어느 여린 가슴을 휘저어 벨까

아무도 오지 않는 밤을 지새워 새가 운다

혀의 검이 제 가슴을 찔러 울음마다 선혈이 낭자하다

검이 지나간 자리 새털처럼 한없이 가벼워져 별들이 진다

그냥이야 지겠는가

어둠을 베고 베어 새벽별 다 지면 초록 검 벼리는 진경산수 眞景山水 자객이나 되리

귀뚜라미 관음觀音

홀로 산속에 들었다 적막이어서 어둡다

먼 적막 속에서

한 귀뚜라미가 울고 다른 귀뚜라미가 울고 또 다른 귀뚜라미가 따라서 운다

찬란한 울음천국이다

어떤 녀석은 통곡한다 무슨 곡절이 있구나 싶다

누구에게나 통곡의 시절은 있다

세월 가면 통곡도 보석처럼 빛난다는 것을 그때는 알지 못했다

기다림을 모르던 시절이었다

세상을 보는 눈이 달라졌을 때 세계가 완전히 다른 모습으로 다가올 때 기다림은 스스로 빛난다

눈과 귀가 어두워지고 나서야 좀 넉넉해졌나 싶더니

적막 속에 아직도 쏟아지는 울음 폭포, 눈가에서 푸르게 반짝이는

귀뚜라미 관음의 눈물 사리舍利

2부

빨래할 때 나는 노래를 부르지

생을 돌아 다시 태어난 곳이 도비가트*, 아버지가 도비왈라**였으므로 나도 궁핍한 도비왈라가 되었다

세상 사람들은 우리를 가리켜 천민이라 부른다 이 가혹한 짐을 벗기 위해 아버지는 빨래할 때마다 가난에 찌든 삶과 흔들리는 영혼을 함께 빨았다 세월에 단련된 아버지의 빨래 솜씨는 깡마른 다리에 붙은 얇은 근육처럼 군더더기 없이 간결하다 빨래하며 거친 생을 가다듬고 옹이진 마음을 닦아 냈다 아버지의 웃음은 투명하고 깨끗하다

이곳은 나의 놀이터이자 학교요 사원이다 나는 여기서 빨래하며 놀고 빨래하며 성장하고 빨래하며 노래하고 날마다 다음 생을 위해 기도했다 가끔 젊은 혈관의 피가 역류하기도 한다 그럴 때 노래를 부른다

사랑은 어디서 오나 바람에 실려 하늘에서 내려오는
아리따운 그대 모습 어젯밤 꿈속에서 보았네
사랑은 어떻게 오나 천년을 기다려도 오지 않는 사랑
강물처럼 내 슬픔 깊고 푸른 바다로 소리 없이 흐르네

내가 노래 부를 때 아버지는 늘 미소를 지었다 아버지의

미소에는 삶의 슬픔이 배어 있다 아버지는 운명의 질곡을 인내해 온 자만이 알 수 있는 투시력으로 내 마음을 깊이 들여다보았다

아버지처럼 내 삶도 여기서 벗어날 수는 없다 그래서 노래한다 노래 부르는 동안 혈관의 피는 한결 순해지고 바람은 잦아든다 마음의 평온 속에 사랑이 불쑥 찾아올 것만 같다

* * *

나는 지금 우리 삶의 빨래터 도비가트가 훤히 내려다뵈는 길 위에 서서 여기, 저린 가슴에 사무치던 것들이 전생의 나처럼 무심한 듯 지나가는 것을 흐리게 바라보고 있다 빨래하며 부르던 나의 노래와 함께

*도비가트 : 인도 뭄바이에 있는 대규모 빨래터.

**도비왈라 : 빨래로 생계를 잇는 계층의 사람들로 불가촉천민에 속한다.

바나나의 힘

배낭 메고 인도를 떠돌며 자주 바나나를 먹었다
걸으면서도 먹고 허름한 싸구려호텔에서도 먹었다
바나나 세 개를 먹어도 배가 부르지 않았다
어떤 여행자는 다섯 개를 먹기도 한다
바나나는 음미하듯 부드럽게 천천히 먹어야 한다
음악을 들으며 먹으면 기분이 좋아진다
일찍 일어났을 때나 밤늦게는 소리 나지 않게 한 개를 먹는다
동행자들은 내가 바나나 먹는 것을 보고도 못 본 체 한다
바나나 쪽은 쳐다보지도 않는다
여기서는 먹을 때 못 본 체 하는 것이 예의다
어떤 날은 바나나를 먹지 못했다
고액권을 주면 거스름돈 대신 바나나를 도로 빼앗았기 때문이다
그런 날은 힘이 없고 풀이 죽어 중심이 자주 흔들렸다
바나나는 우주의 중심이다
거꾸로 매달린 바나나를 보면 불끈불끈 중심이 잘 서있다
인도에서는 어디가나 바나나가 있다
바나나를 먹어야 비로소 중심이 흔들리지 않았다

사는 맛 새로 태어나는 맛
이것이 바나나의 힘이구나 싶기도 하다

꼬리가 빛나는 염소

남인도의 작은 마을 마말라뿌람은 온 동네가 유적지다

주변이 모두 바위동산인데도 용케 나무들은 흙을 찾아 뿌리내려 아름드리 숲을 이루었다

몇 마리 소가 어슬렁거리고 염소들 떼 지어 종종대며 풀 뜯는 곁에 사람들도 함께 뿌리박고 다닥다닥 붙어산다

바위 꼭대기 그늘에서 흰 염소 한 마리가 점잖게 앉아 나를 내려다보고 음메~한다

지나가다 돌아보니 또 음메에~

어쩐지 낯익은 얼굴, 갑자기 신현정 시인이 떠올랐다

왜 여기 와 있지 염소로 환생했나?

현정이 형이야? 염소는 못 들은 척 반쯤 눈을 감는다

하루 종일 하늘 가까이에서 하느님과 놀다 지쳤는지 아는 체도 않는다

음메에~, 하느님도 이리 오세요.

내 곁에 누워 보세요

무주공산*에 든 염소, 꼬리께가 햇살에 반짝 빛나는 중이다

*'무주공산'은 신현정의 시 「喝」에서 차용함.

〈시작노트〉

나는 한 번도 신현정(1948~2009) 시인을 만난 일도 알고 지낸 적도 없다. 다만 몇 해 전 그의 시집 『자전거 도둑』을 정독한 인연이 있을 뿐이다.

침묵의 응시

이 황망하고 전율 흐르는 적막을 일러 뭐라고 말해야 하나
남인도 순례의 긴 여정 끝 사진을 보다가 벼락같은 순간을 맞았다
도비가트를 촬영한 사진 속 한 사내가 나를 사로잡은 것이다
훤칠한 키 단련된 팔 아름다운 어깨근육, 그는 석양을 등지고 빨래를 걷는 중이었다
자석처럼 끌어당기는 알 수 없는 힘 그는 분명한 나였다
사진으로나마 전생의 나를 만난 것이다
그러나 나의 모습은 행복과는 거리가 멀어보였다
몇 장면이 지나가자 나는 지워졌다
사라져버린 시간을 거슬러 환각처럼 재생된 생명의 연쇄에 몸을 떨었다
그는 빨래하며 무슨 생각을 할까
결혼은 했을까, 자식은 몇이나 두었을까
집은? 부인은? 부모는?
끝없는 물음이 어둠을 꿰뚫고 계속 이어졌다
그날 밤 바퀴벌레와 함께 침대열차에 누워 추위에 떨며 종내 잠들지 못했다

어디쯤일까 덜컹거리며 가다 서다를 반복하던 열차의 어둠 속에서 '침묵한 채 응시하라'는 말씀이 들렸다

곧 잊어버렸지만 신에게 다가가는 데 필요한 것은 입이 아니라 눈일 것이다

나는 마음의 눈을 그에게로 향한 채 깊이 응시하려 애썼다

그에게로 향한 마음이 빛을 얻어 함께 할 수 있다면 끊을 수 없는 전생의 인연이야 말로 소중하지 않겠는가

지금은 나의 나인 그의 삶이 그리 불행해 보이지 않아 다행이라고 생각한다

다시 인도에 간다면 침묵의 응시 속에 그를 찾아보려 한다

지나간 날들이 모든 것을 용서하며 따듯이 품어 주리라

거미 미라

남인도 마두라이에 있는 스리미낙시사원은
그 자체가 박물관이자 미술관입니다
맨발인 채로 고뿌람을 지나 사원 안에 들어가면
천 개의 돌기둥이 천정을 떠받치고
수많은 신들은 기묘한 자세로 서 있습니다
아름답고 웅장합니다
전시된 사원 모형을 들여다보다가
모서리에 줄을 쳐놓은 어린 거미를 발견했습니다.
왜 저 적막의 공간에 들어갔나
어떻게 들어갔나
신으로부터 사원을 지키라는 분부를 받았는가봅니다
그러기에 틈 없는 틈을 비집고 들어가
사원 전체를 한눈에 볼 수 있는 곳에 포승줄 치고
위풍당당 버티고 있는 것입니다
잠을 자지도 않았습니다
먹지도 않았습니다
그러다가 마침내 숨을 거두었습니다
영겁의 시간 중 찰나만을 살았을 뿐인 어린 거미
아직 살아 있는 듯한 미라 거미를 봅니다

거미의 순교를 아는 이는 아무도 없습니다
바라보는 마음만 절절할 뿐입니다

천 년

혼자서 걸었습니다. 걷는 일은 시작이 어렵지 걷다보면 모르는 새 시간과 한 몸이 되어 흐르기도 합니다. 생로生老의 길을 흐르듯 걷다보면 한 생이 다 지나가고 다시 다음 생이 시작되면 먼 길을 또 혼자 걷게 되는 것입니다.

갠지스강물에 머리까지 풍덩 담가 본 사람은 알 것입니다. 길 위를 물처럼 흐르다가 강물에 들어가면 몸은 물과 하나가 되어 어느새 깨끗해집니다. 아주 먼 곳 사람들까지 이곳을 찾아오는 까닭은 깨끗한 몸을 얻기 위해서입니다.

수십 번째 생의 길을 걷고 있습니다. 걷는다는 것은 내가 나에게 말하는 시간입니다. 사람은 자신과 말할 때 가장 진실해 집니다. 자신과 얘기하는 동안에는 거짓 없는 내가 됩니다. 그것은 갠지스강물에 한번 들어가는 것과도 같습니다.

갠지스강에 들어가 몸을 닦는 것은 속죄를 위한 것입니다. 수십 번 거듭된 전생과 나날이 고통인 현생과 다음에 올 무한한 생에 대한 속죄입니다. 걷는 것도 그렇습니다. 걸으면서 자신에 대해 생각하고 말하고 속죄함으로써 생의 근원에 다가갈 수 있습니다.

생의 근원에 가까이 다가가기 위해서는 천 년은 걸어야 합니다. 영원에 대한 견고한 믿음과 갈망은 이렇게 싹트고

자라서 한 땀 한 땀 수놓듯 조각난 시간을 이어 붙여야 합니다. 천 년을 걷다보면 길은 어디에선가 허공으로 이어집니다.

허공의 길 천 년! 생이란 허공에서 바람에 흔들리며 시간을 잊은 채 마냥 흐르는 것 아니겠습니까. 천 년, 걸을수록 멀어지는 깜깜한 길, 언제쯤 허무를 건너 봄 아지랑이처럼 부드럽게 허공을 흐를 수 있을까요. 이 망망한 대해에서

집으로

망해望海의 슬픔인양 반짝이는 새벽바다, 잔잔한 슬픔을 딛고 파도가 일렁입니다 그러니까 파도는 시간의 물결이지요

난파선이거나 뗏목 같은 작고 낡은 목선 몇 척과 찢어진 어망이 널려 있는 백사장 끝에 바위를 깎아 세운 해변사원이 고풍스레 서 있는 남인도 마말라뿌람, 바다 끝에서 어둠 뚫고 해가 떠오르자 중년사내가 밀려오는 슬픔 속으로 성큼성큼 들어갑니다

허리춤까지 잠긴 곳에서 사내는 출렁이는 슬픔으로 머리를 감고 가슴에 나머지 슬픔을 끼얹더니 구름을 뚫고 떠오르는 해를 향해 손 모아 기도합니다

무연한 듯 지나가는 수많은 시간이 물결을 일으켜 사내의 아래를 한껏 밀자 윗몸께가 잠깐 흔들렸습니다

단언컨대 슬픔이 없는 삶이나 시간은 없습니다 그럴 때 슬픔 속으로 들어가 밀려오는 시간의 물결을 온몸으로 맞으며 두 손을 모으면 가슴 속에서는 붉은 해가 떠오르는 것입니다

슬픔과 시간은 분리될 수 없는 한 몸이어서 때로 분노하기도 하고 거칠게 솟구치기도 합니다 그렇지만 그 순간이 지나가면 다시 슬픔은 평온을 찾고 시간은 잔잔해 집니다

해가 한참 떠오르자 사내가 몸을 돌려 슬픔 속에서 걸어 나옵니다

저 사내 올망졸망 아이들이 기다리는 집으로 돌아가 환해진 가슴으로 당당하게 하루를 시작할 것입니다

아기코끼리가 끄는 수레

비슈누를 모시는 돌수레가
빗딸라 사원 마당 한가운데 서있다
이 수레를 두 마리의 아기코끼리가 끈다
장난꾸러기 아기코끼리
수레 끌며 펄쩍펄쩍 뛰었을 거다
바퀴도 좋아서 데굴데굴 굴렀을 거다
이 동네 저 동네
빙글빙글 돌았을 거다
남인도 함피 빗딸라 사원 마당 한가운데
비슈누를 태우는 수레
반인반수의 새 가루다를 타고 날며
생명의 질서와 유지를 위해
사람들이 돌로 만든 수레
햇살 좋은 날
반짝이며 세상의 중심을 떠받치고 있다

가슴뼈에 박힌 화살 한 개

마침내 당신은 설산으로 갔다 선대로부터 물려받은 뼛속의 고독이 신성한 곳으로 인도했을 것이다 오래된 당신의 사랑은 족장의 여자가 되었다 사랑을 위해서라면 목숨을 걸어야 할 때도 있다 당신은 분노한 족장과 싸워야만 했고 분투했으나 패하고 말았다 어둠속에서 날아온 화살 한 개가 왼쪽 어깨를 뚫고 동맥을 지나 가슴뼈에 박힌 것이다 화살은 심장 가까이에서 부르르 떨며 울었다 사랑은 고통일 뿐이지만 운명에 순응하도록 순간순간 영혼에 빛을 비춰주기도 한다 뒤쫓는 자들의 살기가 살갗에 비수처럼 꽂힌다 끓어오르는 신열과 극한의 통증에 힘겨워 하며 간신히 설산에 올라 남은 식량 한줌과 사슴육포 두어 조각으로 지상에서의 마지막 만찬을 마쳤다 결전을 위해 석양을 등지고 협곡 위에 섰을 때 갑자기 눈보라가 몰아쳐 눈앞을 가렸다 그 순간 머리에서 번개가 번쩍였고 몸은 허공을 몇 바퀴 돌아 얼음계곡으로 날아 떨어졌다 싸락눈만이 끊임없이 쌓여 당신을 감싸 안았다

오천 년에 삼백 년을 더한 영원의 시간이 흐르고 나서야 당신은 얼음 속에서 나타났다 이름 외치 신장 159센티미터 나이 46세, 부활한 당신을 사람들은 얼음인간이라 부르지만

당신보다 뜨거운 사람은 없다 왼쪽 어깨 아래 가슴뼈에 박힌 화살이 반짝인다 당신은 살아 있다

〈시작노트〉

노르웨이 빙하박물관에서 얼음인간 외치를 만났다. 그는 자신의 사랑에 얽힌 무용담과 죽음에 대해 내게 말해주었으나 제대로 알아듣지 못했다. 그렇지만 그의 말을 옮기는 것은 나의 의무가 되었다.

고비사막에 부는 바람

불타오르는 황량한 사막 위에 서면 심장이 터질 것 같아

너라고 부를 수 없는 절대의 시공은 너무도 광활해서 심야의 사막횡단열차 차창으로 빠르게 지나가는 칠흑 풍경 끝에 초록 오아시스에 당도하였을 때는 갑작스레 어둠조차 사라졌지

솟아오르는 햇살을 받으며 생의 절벽을 딛고 아슬아슬 천 년 전 석벽에 매달려 불상을 새기던 당신이 외로운 낙타를 빌려 타고 별빛 따라 사막을 건너는 밤의 골목에서는 바닥 없는 슬픔이 파도처럼 밀려왔어

슬픔은 섬광처럼 잔모래를 뿌리며 숨죽인 채 흐느꼈어 찬란한 명사鳴沙의 모래 산*이 가는 현絃의 달빛울음을 우는 사막의 밤은 천불동 석굴 앞에 조그맣게 그러앉아 러와프**를 가슴에 안고 사랑을 노래하던 늙은 악사를 닮았지

천산天山의 만년설이 그의 이마의 깊은 주름을 타고 흘러 흘러 포도덩굴을 무성하게 키워내는 사막은 그 자체가 길 없는 미로야

그러니 바람 불 때 떠나야겠지

사막을 건너기 위해서는 스스로 낙타가 되어야 해 슬픔이 만개한 혹을 짊어진 채 커다란 자신의 눈망울 속으로 터벅터벅 걸어가 솟구치는 울음이 눈가에 번지지 않게 가시나무 잎을 삼킬 줄도 알아야 해

그 자리에 마지막 당신이 있었으면 해 그러면 끝없는 미로를 헤치며 서쪽을 향해 천천히 걸을 수 있을 거야 고비사막에 부는 영혼의 바람을 따라

*명사산(鳴沙山) : 돈황에 있는 거대한 모래산. 바람이 불 때 현악기 소리를 낸다고 함.

**러와프 : 위그르족 전통악기. 기타와 비슷하나 울림통이 작고 현의 길이가 길다.

찬란한 사막

투루판 베제크리크 천불동 석굴 앞에서 늙은 악사를 만났다
사막에 악사가 있다는 것은 악사의 가슴 속에도 뜨거운 사막이 있다는 것
불타는 화염산火焰山 골짜기 석굴 앞에 앉아, 악사는
마디 불거진 손가락으로 흥겹게 러와프를 연주한다
굴곡진 생의 음률이 그의 이마에 굵은 오선지를 그려놓았다
손과 얼굴에는 온갖 슬픔이 배어 있었으나 굳이 닦아내려 하지 않았다
다만 즐겁게 연주하며 노래할 뿐 슬픔도 내 몸처럼 아끼고 사랑하면 음악이 되는 것이라고, 깊게 파인
이마의 악보 속에서 끊임없이 새로운 소리를 길어냈다
사막의 계곡으로는 천산의 만년설이 초록을 이루며 흐르고
낙타는 모래폭풍을 뚫고 방랑자가 고향 찾아오듯 가끔 돌아와 맑고 깊은 눈으로 윤회의 샘물을 마신다
어느새 기울어진 사막 서쪽이 찬란하다

기다림을 엿보다

바다보다 낮은 땅, 방향을 가늠할 수 없는 투루판 분지 고창고성高昌故城에서 늙은 마부와 작은 당나귀가 끄는 낡은 마차를 탔습니다

마부와 당나귀와 마차는 함께 태어나 함께 늙어가는 것처럼 보였습니다

마부의 옷차림은 한때 제국의 영화를 지워버린 듯 당나귀처럼 허술했습니다

이곳저곳 허물어진 고성을 둘러보는 동안 마부는 당나귀와 함께 명상에 잠긴 듯 오랫동안 기다렸습니다

기다림이 곧 삶 자체인 것처럼, 세월의 고난을 초탈한 마부의 모습 속에는 성자의 후광이 투영되어 있었습니다

고성古城에 부는 모래바람을 맞으며 나는 기다림은 신성한 것이 아닐까라는 생각을 잠깐 했습니다

늙은 마부가 숭고해 보였습니다

새 손님을 기다리는 마부 곁에서 당나귀가 눈웃음 짓습니다

당나귀도 주인을 닮아가는 중인가 봅니다

사막의 그늘

맨몸으로 사막을 걸어본 사람은 안다 사막은 바다라는 것, 수직으로 꽂히는 햇살을 맨손으로 가린 채 제 손바닥만 한 그늘 아래 멀리 사막을 바라보면 붉은 파도가 한없이 막막하게 밀려온다 행운이 따른다면 사막여우가 붉은빛에 실려 오는 것을 볼 수 있다 사막여우는 파도를 넘나들며 은밀하게 다가왔다 은밀하게 사라진다 듬성듬성 마른 풀 따라 양떼가 몰려가기도 한다 우연히 만난 양치기 노인은 양을 닮았다 앞니를 내민 채 양처럼 웃는다 노인은 600마리의 양을 가졌다고 자랑한다 한차례 모래폭풍이 양떼 곁을 스쳐가는 것을 아슬아슬 바라보았다 사막을 바다라고 볼 줄 아는 사람은 낙타가 대양을 가로질러 느릿느릿 항해하는 것도 볼 수 있다 아픈 어금니를 지그시 깨물 듯 생의 고뇌를 곱씹어 되새김질하는 낙타의 눈은 한없이 맑다 하늘까지 훤히 비친다 마침내 해가 지면 말없이 떠나간 첫사랑처럼 풍경과 함께 그늘도 사라지고 만다 이제 추울 것이다

머나먼 샹그릴라

걸으면서 아프다
설산을 등지고 추녀 낮은 집들은
몸 움츠려 오체투지 중
산비탈마다 칸칸 계단을 짓고
해발 삼천사백미터 고원
남루한 생조차
아름다운 것이라고
빛나는 것이라고 풍요로운 것이라고
초록에 노랑 유채꽃
마른 풀밭 조랑말 뛰는
이름도 고운 샹그릴라
내 마음속의 해와 달 찾아가는 머나먼 길
바람 불어 허공을 둥둥 떠가는
꿈인가
아픈 몸이 더디다

벽

초로의 한 사내, 까마득한 벽에 기대앉아 볕을 쬐고 있네 세상에서 제일 먼 외토로운 별처럼 무릎을 끌어안고 한 개 점인 듯 있네 젊어 조랑말에 소금 싣고 차마고도 설산을 넘나들다 신작로에 밀려 볕이나 쬐고 있는가 봄은 잔뜩 부풀었건만 산 넘어 온 바람이라 살갗에 매웁기도 하리 이 사내 우두커니 하루 해 다 보내리 해질 때 쯤 어슬렁어슬렁 산그늘 기울어진 텅 빈 오두막에 들어 어두운 창밖만 바라보다 깜빡 잠이 들면 적막한 밤의 고요는 가슴에 깊겠네 사무친 별들 와르르 머리 위로 쏟아지겠네 깜깜한 절벽 너머 허공만 반짝반짝 빛나겠네

〈시작노트〉

중국 운남성, 리장[麗江]에서 위룽쉐산[玉龍雪山]을 빙 돌아 샹그릴라로 가는 도중 호도협에 들렀다. 거기서 휑하니 넓은 주차장 까마득한 옹벽 밑에 붙어 앉아 2월 때 이른 봄볕을 쬐는 초로의 사내를 멀리서 보았다.

카일라스 가는 길

바람을 따라가는 길

혼자 걸어도 외롭지 않은 길

마음으로 걷는 길

깊은 내면을 들여다보는 길

살아온 날들을 속죄하며 걷는 길

기도하며 걷는 길

푸른 영혼을 찾아가는 길

해지면 별들 와르르 쏟아지는 길

룽다*

저녁 해를 등지고
고갯마루 오색 깃발이 펄럭입니다
깃발이 묻습니다
너는 어디서 왔느냐
어디로 가느냐
네가 누구인지 아느냐
팽팽하게 당겨진 물음이 찢어질 듯 펄럭입니다
하늘이 그만 붉게 물들었습니다

*룽다(Lungda) : 바람[風]이란 '룽'과 말[馬]이란 '다'가 합쳐진 말로 부처님의 말씀이 바람을 타고 세상 곳곳으로 퍼져 모든 중생이 해탈에 이르라는 티베탄들의 염원이 담겨 있다.

보시 布施

해발 5000m가 넘는 카일라스 순례길입니다
걷기도 숨쉬기도 힘든 곳입니다
젊은 티벳 비구니스님이 오체투지 한 채 맨땅에 엎드려 있습니다
한국에서 간 늙은 비구스님이 합장하며 말했습니다
"나는 한국의 라마입니다"
"그러시군요. 스님께 작은 정성으로 보시를 하고 싶어요"
비구니스님은 구깃구깃 가슴 속의 지폐뭉치를 내놓았습니다
순례중인 사람들이 한푼 두푼 보시한 돈입니다
"아닙니다. 스님께 더 필요한 돈인걸요"
"저는 돈은 필요 없어요. 부디 받아주세요"
스님은 하는 수 없이 비구니스님으로부터 보시를 받았습니다
"스님! 저도 보시를 하고 싶습니다"
늙은 스님은 고액권 몇 장을 손에 쥐어주었습니다
비구니스님도 하는 수 없이 보시를 받았습니다
두 스님이 마주보며 미소 짓습니다
푸짐하게 흐린 하늘에 싸락눈이 흩날립니다

머나먼 저 사내

어디로 가는 것일까, 사진 속
한 사내가 멀리서 초원을 가로질러갑니다
설산 위로는 뭉게구름 흐르고
초원은 끝이 없습니다
저 사내 도회에 돈 벌러 갔었는지 모릅니다
출렁이는 고원의 천막에서 말똥난로에 의지한 채
양을 기르며 눈 빠지게 기다리는
아내와 어린 것들을 찾아가는 길일 겁니다
길도 없는 초원을 묵묵히 걸을 뿐
저 사내 돈 못 벌어 빈손인지도 모릅니다
삶이란 길이 없을지라도 가야 합니다
해발 5000m를 넘나드는 티벳 고원
한여름이지만 풀들은 메말라 누렇습니다
돌아보는 일 없이 급하지도 않게
걷기만 하는 저 사내, 얼마나 더 가야 하는지
보는 이의 가슴이 먹먹해 집니다
해 지기 전 어린 것들 안아볼 수는 있을까
막막해서 간절한 머나먼 저 사내

쵸모랑마*의 벼랑

아무도 내 이름을 부르지 말라
속진의 발도 들이지 말라
나를 찾아올 때는 어둠이 날개를 펼쳐
별 총총 하늘에 사무쳐 사위다가
이름을 잊었을 때 오라
사랑은 영원하다고 말하지 말라
할미새의 가슴 깃털 하나에도
이미 우주가 들어있고
우주의 모든 것을 합한다 해도
깃털 하나 감쌀 수 없이 작은 것이니
함부로 높다 낮다 말하지 말라
나는 벼랑이며 절규며 침묵일 뿐,
어둠에 갇혀 길을 잃었을 때
그대 빈 몸으로 신새벽
아무도 모르게 칼바람으로 오라

*쵸모랑마 : 해발 8848m 히말라야의 티벳 이름.

새가 되어 날다

해발 4300m에 하늘사원이 있습니다
도솔천이라는 뜻인 간덴사원인데요
사원 뒤로 난 순례 길을 따라가면
해맑은 꽃들 수줍게 피어 있고
넓은 벌판 강줄기 훤히 내려다보이는 남향 자리에
룽다를 휘두른 조장 터가 있습니다
여기서는 죽은 사람을 하늘로 날려보냅니다
이 길을 무심히 걷다가
오늘 한분 새가 되어 날아가는 것을 보았습니다
용맹한 분이었던지 수십 마리 독수리가 되어
아쉬운 듯 창공을 선회하다가
사원 위로 천천히 돌아와 옴마니밧메훔
스님들 독경 소리 귀 기울이다가
잠깐 어디를 다녀오겠다는 듯
삼삼오오 인사도 없이 먼 하늘로 갔습니다
곧 돌아오겠지요, 한 생애 인연의 못다 푼 매듭을
다음 생에서는 곱게 풀어야 할 테니까요

티벳 풍경

티벳에서는 길이 부처입니다
초원의 야크나 양 염소
산과 호수 출렁이며 흐르는 강
바위와 언덕 위 바람길까지
모두 다 부처이자 법당입니다
그렇기에 사람들은 맨땅에 엎드려
옴마니밧메훔 진언을 암송하며
생의 죄업을 씻어 냅니다
그것도 부족하여 경전 말씀을 통에 넣어
걸으면서도 쉬지 않고 돌립니다
경전통을 돌리는 것은 곧 경전을 읽는 것입니다
그러면 부처님 말씀이
또박또박 가슴속으로 들어옵니다
티벳은 기도의 땅입니다
어디가나 순례하고 기도합니다
가진 게 없지만 그것으로 만족하며
이웃과 나누는 가난한 행복이
구름처럼 부드럽게 산허리를 감싸 흐르다가
축복 하듯 안개비로 보슬보슬 내리고

더러는 이방인에게
부처님께도 가보라는 듯
허공에 무지개다리를 놓아주기도 합니다

서쪽

거기 가뭇가뭇 노을 지는
마음의 변방
종종거리는 양떼와
방울소리 흔들리는 야크를 따라
만년설 반짝이는 생의 가파른 고원 위
느린 걸음으로 떠가는
흰 구름 유장悠長하게 펼쳐진 그곳은
유배자들의 성지
극빈의 왕국
은자隱者들의 적소適所
바람의 시원
스러지는 빛의 종점
적막의 고향
무슨 말씀으로도 형용할 수 없어
허공으로 사라져간
달빛 푸른 소쩍새 울음처럼
쓸쓸해라, 지금은 몽상의 시간
밀려온 파도 솟구쳤다 수평선 너머로 지듯
빈 가슴 칠흑으로 물드는 밤

누가 나를 부르는가
먼 서쪽 어디서

곰보

얼굴을 씻지 않아 꾀죄죄한 마부 곰보는 카일라스 순례길을 매일 말과 함께 걷는다

이 길을 한 번 걸으면 금생의 업이 소멸되고 백팔 번을 걸으면 해탈에 이른다는데 곰보는 아마 수 백 번도 더 걸었을 테니 몇 번은 해탈에 이르렀을 것이다

나는 곰보의 조랑말을 타고 카일라스 순례길을 한 번 돌았으나 업이 전보다 더 많이 쌓인 것 같다

곰보는 티벳 말 밖에 할 줄 모른다

내가 몇 살이냐, 결혼은 했느냐 물으면 곰보는 웃으며 고개를 끄덕인다

그도 내가 어지간히 궁금한지 이것저것 묻기도 한다

그러면 나도 웃으며 고개를 끄덕여 주는 것이다

우리 대화는 늘 선문답처럼 간결하다

곰보는 밤이 되자 해발 5000미터가 넘는 데서도 아무렇지 않게 노숙을 한 후 아침이 오면 말을 데려 와 안장을 메워 나를 태우고 또 걷는다

그의 조랑말 역시 수 백 번도 넘게 이 길을 걸었을 것이니 다음 생에서는 어느 사원의 큰스님이 될지도 모른다

그러고 보니 나는 큰스님 등에 올라타고 순례를 하는 중이다

이랴! 빨리 가자 이놈아!

조랑말에게 짐짓 큰소리 한 번 질러본다

곰보가 알아듣고는 빙긋 웃으며 고개를 끄덕인다

새벽詩

족자카르타의 호텔에서 박진숙의 시「그대는 어디가 아픈가」를 읽었습니다

나는 무엇을 아파해야 하는지 또 아프기는 한지 한참동안 생각해 보았습니다

잠들기 전 이면우의「손공구」를 읽었습니다 오래 쥐고 있으면 쇠도 손바닥처럼 따뜻해진다는 한마디가 가슴에 남았습니다

내 손은 무엇을 쥐고 있는지 따뜻한지 만져도 보았습니다

첫새벽 닭울음소리를 듣고 눈을 떴습니다 멀리서 울리는 새벽詩였습니다

시는 아픔과 따스함의 끝에서만 울리는 가 봅니다

더 간절하게 아프고 진심으로 따뜻해져야 시의 새벽에 가까워질 수 있을 것입니다

시를 향한 길이 아득히 멉니다

말을 탄 여인

달을 품어 기다림조차 환하더니
흔들리는 심금이 저처럼 만월이구나
이제 떠나야 하련만
가슴은 하염없어 삭풍이 불고
별 총총 산수유 샛노란 달밤을 빗어
적막을 문 밖에 기대어 놓다
눈 감고 바라보는 마음의 갈래여
말은 떠나려 않고
복사꽃 피는 길은 아련 붉구나
밤 깊어 달빛 멀리 사랑이 오시는지
글썽글썽 뒤돌아 고개만 길어지다

훈자시편 · 1

- 설산 라카포쉬

훈자를 코앞에 두고 미나핀에 당도했을 때
어둠 속에서 별들이 반짝이고 있었다
새벽잠에서 눈뜨자 꿈인 듯
설산이 눈부신 얼굴을 창문으로 드리민다
오-라카포쉬! 영혼의 침묵
그저 감탄하고 바라보기만 할 뿐
가슴 떨리기만 할 뿐 아무 말도 할 수가 없다
훈자사람들은 천 년 전부터
척박한 땅에 물길 내고 손바닥만 한 땅을 일궈
감자 심고 밀 심고 보리 심고
조금 남은 빈 터에 미루나무와 살구를 심어
어디 가나 살구가 지천이다
차도르 쓴 여인들 다소곳 지나가는
골목길이 가파른 것처럼 삶도 한없이 가파르나
아이들은 신나게 노래 불러
마을 풍경은 누구라도 쉽게 읽을 수 있는
그림 속의 시가 된다
훈자에서 나는 아직도 풍경 속의 시다

훈자시편 · 2

- 훈자마을

훈자마을을 둘러싸고 있는 것은
만년설 머리에 인 설산이다
사람들은 아스라한 절벽 끝에 집 짓고
까마득 허공에 모여 산다
이들 삶도 산을 닮아
넉넉한 것 하나 없지만 부족한 것도 없다
설산 녹은 검은 물이 城을 가로질러
구불구불 밭 사이를 가로질러
바위와 돌 틈과 집들 사이를 가로질러
강으로 모여들어 소리치며 흐른다
이 검은 물을 길어
밥 짓고 빨래하고 목욕한다
살구나무도 이 물로 키를 키우고 가지 뻗어
달디 단 살구로 익는다
몇 안 되는 양과 염소들도
느리게 걸으며 골목을 어슬렁거린다
훈자사람들도 염소처럼
설산이 녹아내린 검은 물을 마시고
느리게 살며 설산이 되었다

골목마다 설산의 영혼이 바람처럼 흐른다

훈자시편 · 3

- 보리 베는 소녀

神들이 사는 설산을 두르고
가파른 산비탈 일궈 소박한 농사짓는
작은 국경마을 소스트입니다
탁류가 급하게 흐르는 강 위 흔들다리 건너
오르막을 따라 마을로 들어섭니다
낮은 돌담을 끼고 돌아 밀밭 지나 감자밭 지나
물레방앗간 지나 살구나무 그늘도 지나
차도르 둘러 쓴 여인과 소녀가
따가운 햇살 받으며 보리를 벱니다
낫을 빌려 옛날 생각하며 보리베기를 해 봅니다
나도 농부였어
정말? 소녀가 깜짝 놀라며 되묻습니다
여기 앉아봐, 사진을 찍습니다
얼굴 표정이 굳어 있습니다 스마일! 스마일!
모녀가 웃습니다 환하게 웃습니다
소리 내어 웃습니다
설산도 웃고 강물도 웃습니다
훈자는 누구나 웃으며 사는 곳입니다
안녕! 악수를 청하자

소녀가 손등에 입 맞추며 두 손을 흔듭니다
못내 작별이 아쉬운 한 순간입니다

훈자시편 · 4

- 황금사원

인도 암리차르의 황금사원, 수건을 머리에 두르고
맨발로 들어갑니다
커다란 연못 가운데에 황금사원이 있습니다
수많은 참배객들은 사원 주위를 돌거나
긴 회랑을 따라 성소에 들어가 기도를 합니다
나는 성소에 들어가는 것을 잊고
연못 둘레를 돌기만 합니다
사람들은 연못에 들어가 몸을 씻기도 하고
계단에 앉아 담소를 나누기도 합니다
몇 바퀴째인지 무심히 사원을 돌다가 한 소녀를 보았습니다
사람들이 걷는 연못 둘레의 바닥을 닦고 있습니다
순례의 길을 닦는 것입니다
소녀는 금방 더러워질 바닥을 닦고 또 닦습니다
초록 차도르를 둘러 쓴 소녀가 닦는 것은
사람들이 순례하는 길일뿐만 아니라
끝없는 윤회의 한 순간 이곳에 인연이 닿아
갈래 진 마음을 닦는 것입니다
소녀 가슴 속에는 순결한 황금사원이 들어 있어
황금으로 지은 사원보다 더 성스럽습니다

다음 生에는 거룩한 성자가 되어 태어났으면 좋겠습니다
그래야 머나먼 길이 더욱 빛날 테니까요

훈자시편 · 5

- 따듯한 짜이

아쉬움을 안고 훈자를 떠납니다
시 같은 풍경 카라코람 하이웨이를 달립니다
까마득한 허공의 길, 포장이 되다말다
먼지가 구름처럼 피어오릅니다
구부러진 길은 끊어지고 협곡은 호수가 되었습니다
몇 해 전 산사태로 생겨난 것입니다
비극을 안고 있지만 물은 티 없는 옥색입니다
시끄러운 모터를 단 나룻배를 타고
군데군데 물 잠긴 마을을 지나
한 시간 쯤 걸려 반대쪽에 도착했습니다
이번에는 빙하 녹은 물이 넘쳐 도로가 잠겼습니다
커다란 트랙터를 타고 건넙니다
그러고도 기약 없는 버스를 기다려야 합니다
길 가 포장마차에 들어갑니다
작은 몸매의 포장마차 주인 눈이 반짝 빛납니다
이 사람 가족과 집을 잃었는지도 모릅니다
삶의 애환이 웃음 속에 배어 있습니다
따듯한 짜이 한잔 마시며 잠깐 삶에 대해 생각해 봅니다
행복과 불행은 같은 길로 오는 바람인지도 모릅니다

머나 먼 카라코람 하이웨이
길 위에서 나의 삶도 한참이나 방황합니다

〈이 시인을 말한다〉

홍시가 참 잘도 익어가고 있다

이진우 (소설가)

1. 왜 이 글을 쓰게 되었나.

나는 이 글 쓰기를 참 피하고 싶었다. 그러나 한 편으로는, 상대방의 프러포즈를 거절 못한 실수 때문에 평생 얽혀 사는 남녀들처럼 –내 본심과 관계없이 결국 쓰게 되지 않을까 하는 체념 같은 것도 있었다. 굳이 이런 얘기로 시작하는 그간의 사정은 다음과 같다. 작년 가을 한 복판의 어느 날, 그러니까 더 정확하게 얘기를 하자면 2013년 10월 1일 15:00시경 《대전예술의전당》 등나무 밑 벤치에서 얘기가 비롯된다.

옆 자리에 앉아 있던 홍 시인이 느닷없이, 돌려차기를 하는 태권도 선수처럼 아니 수류탄을 까 던지는 무자헤딘 전사처럼 엉뚱한 얘기로 한 방 쫘악 먹여왔던 것이다. 내년에 결혼 40주년을 기념하는 시집을 내려고 하는데 이 기회에 발문跋文을 얻고 싶다…

물론 나는 놀라서, 당연히 지체 없이 쏜살같이 사양했다. 나를 아는 이들은 다 알다시피 나는 시가 아니라 산문을 공부한 사람이고 그래서 시詩에 대해 입을 연다는 것은 그 즉시 내가 정신 나간 사람이 되는 것과 마찬가지 아닌가. 그렇다고 이런 망신과 무안이 나 하나에서 끝나는 것도 아니다, 누구보다 알 만한 사람인 홍시인과 그 시집도 입방아에서 자유로울 수 없다, 라는 그럴 듯한 명분까지 덧붙여서.

그러나 그도 녹록하게 물러서지 않았다. 마치 관상명정棺上銘旌을 부탁하듯 너무도 진지해서 나는 그에게, 그럼 이 얘기를 한 달 동안만 묻어두고 마음이 바뀌면 자연스럽게 없던 걸로 해버리자, 라고 수습하며 가까스로 곤경에서 벗어날 수 있었다.

그러나 그는 내가 제시한 한 달 동안을 얌전히 기다려주지 않았다. 그는 은근히 조르기 기술을 구사하는 유도 선수처럼 밀어붙였고 빌려준 돈을 갚으라고 단호히 채근하는 빚쟁이 같이 얼러대기도 했고 번지점프대 위에 세워놓고 곧 아래로 밀어버릴 듯 겁주는 특수부대 요원처럼 나를 조여오기도 했다. 그러나 심성 착한 홍 시인이 내게 이렇듯 스트

레스의 오랏줄 작전만을 걸어온 것은 아니다. 내가 완강히 사양하자 회유의 방편삼아, 은근슬쩍 당근 먹이기 작전으로 방향을 바꾸었던 것이다.

어느 날 그는 자신의 재산 가운데 하나라고 종종 자랑하던 -감나무의 홍시를 몇 개 따와 건네주었는데, 이걸 그만 내가 덥석 입 안에 밀어 넣음으로써 그 달콤한 미끼에 낚여 버리고 만 것이었다. 그리고 한 겨울에 들어서서는 재미삼아 그냥 만든 거라며 맛있는 곶감을 손에 쥐어주어 확인사격을 하기도 했다.

자, 이쯤 되면 여러분들은 내가 왜 수많은 주저를 무릅쓰고 엉뚱하게 시인에 대해 말하는 주책을 부리게 되었는지 대강 이해하시게 되었으리라. 특히 우리 한국 사람들은 남에게 뭘 좀 얻어먹으면 꼼짝없이 그 값을 하고야마는 '착하고도 나쁜' 습성이 있지 않는가. 그러니 홍 시인에게 달콤한 홍시며 곶감을 두 번이나 얻어먹은 내가 어떻게 그 입으로 다시 '생각해 보니 안 하는 게 좋겠다'는 흰소리를 내뱉는단 말인가.

참으로 공교로운 것은, 이렇게 작년 가을에서 겨울로 넘어오며 이상하게도 길거리에 '홍짜장 홍짬뽕 홍굴칼국수'같이 '홍'자가 들어간 메뉴가 자주 보이고 심지어는 버스 옆면의 광고에도 '홍쌤영어교실'이니 뭐니 하는 간판도 자주 눈에 띄였었다. 그래서 나는 '어차피 시의 번지 점프대에서 떨어져 망신을 당할 운명' 이라면 흉한 꼴이나마 덜 보여야지 하는 심정으로 이런저런 편상片想을 적어 그것을 파일에 담고 '홍시洪詩'라는 타이틀을 붙이기에 이르렀던 것이다. 홍시. 그러니까 운명이다.

2. 그는 왜 시인이 되었나.

미리 밝혀두어야 할 게 있는데, 사실은 나도 시에 둘러싸여 사는 사람 중 하나라는 점이다. 사나흘에 한 번씩은 꼭 시인들을 만나고 형제 중에도 시를 쓰는 동생이 있고 시를 단 한 편이라도 읽지 않고 그냥 지나가는 날이 거의 없을 지경인 것이다. 나는 지금도 지하철 승강장의 유리면에 적혀 있는 시에 한 번 꽂히면 종종 승차하는 것을 잊는 경우가 있으며 어떤 시는 아예 휴대전화 카메라로 찍어 자주자주 열어보곤 한다.

아코디언이라는 악기에 비기면, 시와 산문은 들숨과 날숨 같은 처지 아닌가. 시가 '첫 사랑의 맛!' 하고 느낌표 포함 여섯 자로 압축해서 끝내버리고 있는 것을, 산문가들은 육천 자 이상을 늘이고 늘여 써도 그 오묘한 맛을 살려내기가 어렵다. 확실히 시는 모든 문학의 장자 자격이 있다. 특히 요즘처럼 정신없이 바쁜 세상에는 한 눈에, 단박에 짧게 읽을 수 있는 시가 제격이다.

나는 홍시인과 문학 보다는 여행 쪽으로 더 죽이 잘 맞는 사람이다. 서양문화권의 명승지, 그러니까 책이나 TV등에 자주 소개돼 관광객들이 몰려다니는 유명 장소에 가면 남들보다 일찍 흥이 가시고 시시해지는 점 까지도 비슷하다. 그 대신 아스팔트나 돌들로 포장 돼 있지 않은 오지의 비문명 비문화적인 자연환경, 즉 몇 십 년 전 우리나라의 풍경 같은 곳에 놓이면 궁상맞게도 머리가 맑아지고 집중이 잘 되었다. 바로 그런 점에서 홍시인과 나는 같은 심당心黨소속의 동지였던 것이다.

그래서 해마다 한두 번 정도, 길게는 한 달씩 여러 차례 북인도 남인도 스리랑카 네팔 티벳 등 좀 후줄근한 곳으로 곧잘 나다녔고 작년 여름에는 벼르고 벼르던 카일라스 트레킹까지 감행하여 EBC(Everest Base Camp)를 밟기도 하였다. 그렇다면 이렇듯 둘이 여러 차례 인천공항을 빠져나가 여행다닌 것이 시와 무슨 상관이 있단 말인가.

그러자고 미리 약속한 것이 아니었음에도, 우리는 그 때마다 짐 속에 몇 권의 시집을 마련해 가지고 나갔다. 시인이 아닌 나도 크로스 백 속에 시집을 챙겨가지고 나갔으니(기내에서 읽기에는 시집이 으뜸이고 가벼운 소설이 그 다음이다) 요즘 말로 '장난이 아니었던' 것이다. 이렇듯 우리는 자주 시집을 꺼내 읽곤 하였다. 주로 싼 비행기를 이용했으므로 도중에 경유를 자주 했는데, 대기 시간이 길어지면 그때마다 시집을 꺼내들 정도로 관심의 제1번은 늘 시가 차지하고 있었던 것이다.

우리는 둘 다 별미를 탐하는 식도락 취향도 아니었고, 틈만 나면 주신을 받들어 모시는 알콜교 신도도 아니었고, 또 화끈한 여성이 옆을 스쳐지나가도 슬쩍 곁눈질 하는 것조차 어느덧 힘겨워진 올드맨일 따름이었다. 이처럼 여러 면에서 놀이나 유흥문화에는 '아니올시다' 였으므로, 우리는 저녁 식사를 마치면 그냥 가져온 시집이나 읽고 자정이 지난 줄도 모른 채 이런저런 문학 관련 소회를 나누다가 각자 잠들곤 했던 것이다. 같이 자주 여행을 하면서 이처럼 시에 빠져 줄기차게 시 이야기를 하며 한심하게 지내는 이들이 우리 말고 또 있을까.

이쯤에서 내가 아는 홍시인의 프로필을 조금 풀어놓으려 한다. 그는 나이 사십이 지날 때 까지 자신이 시인이 되리라는 것을 전혀 짐작조차 못했던 사람이다. 그는 문학을 작심하고 전공해서 배운 사람이 아니다. 교직에서 퇴직을 하였으나 문학을 본업으로 가르친 적도 없다. 대학원에서 쓴 논문마저, 문학이나 본인의 전공이 아닌 철학 쪽이었다.

홍 시인이 문학의 연못에 푸욱 빠져 시인의 길로 들어선 것은 순전히 야석 박희선 선생과 운장 김대현 선생을 만난 인연 때문이었다고 한다. 두 분 모두 이 지역 불교시단의 거목이었으므로 동양철학을 전공한 홍 시인에게 야석과 운장은 해와 달 같은 존재가 아닐 수 없었던 것. 그런데 어쩌자고 그는 가족친지의 모든 기대를 저버리고, 입신양명 부귀영화하고는 아예 수 만 km 떨어진 길을 가는, 대한민국의 그 많은 시인 가운데 한 명이 돼버리고 말았는가. 그러니까 그것도 운명이다.

3. 사진이 시를 불러들이다

올 여름, 그러니까 2014년 한국의 삼복 여름 기간 동안 우리는 인도 델리를 기점으로 파키스탄 수도 이슬라마바드를 거쳐 중국 카슈가르에 이르는 '카라코람 하이웨이'를 통과, 실크로드의 서쪽 끝자락 키르기즈스탄을 밟고 우즈베키스탄의 타슈켄트에서 돌아오는 32박 33일간의 배낭여행을 떠났었다. 그러나 고산지대이므로 덥지 않을 거라는 우리의 예상은 완전히 빗나갔다. 8월의 파키스탄 동북부 지역은 연일 40도 이상 올라가는 무더위로 들끓었다. 홍 시인과 나는 세계최장수촌으로 알려진 훈자(Hunsa)마을에서 8일을 보내는 동안 100세 이상의 노인을 만나기만 하면 무조건 무릎 꿇고 경배드릴 생각이었다. 100년. 인간이 백년을 산다는 것은 그 자체만으로도 시詩가 아닌가.

그러나 결론부터 말하면, 훈자 마을에서 우리는 백세 어른을 만나지 못했다. 점점 문명이 흘러들어오고 관광객들이 골목을 누비기 시작하면서 수명도 줄고, 백세 노인 분들이 희귀해졌다는 것이다. 우리는 그 말에 공감했다. 한국과 상관이 없는 아주 작은 식당 입구에도 '김치찌개 백반'이니 '수제비'라고 쓴 한글을 여러 번 보았으니, 산삼처럼 귀한 백세 이상 어르신이 어찌 목숨의 나이테를 잘 뻗어갈 수 있었을 것인가.

그 대신 우리는 여행 중 만난 4인의 보석 같은 동지들과 함께 가끔씩 모여, 우리 쪽에서는 시낭송과 문학에 대한 사설을 풀고 저쪽에서는 대금 연주와 시조창 그리고 전세계 방방곡곡의 진귀한 여행담으로 화답하는 황홀한 '문화의 밤'을 즐기곤 했다. 아니 '문화의 밤'이라기보다는 '시의 밤'이었고 더 정확하게 말하자면 '홍순갑 시인의 시낭송"이 주연인 시 감상 파라다이스였었지만……

훈자를 떠나 중국의 위구르 지역과 국경을 맞댄 작은 마을 소스트(Sost)에서 우리는 아무 스케줄 없이 하루를 더 머물렀다. 그날 오전, 밀린 세탁을 마친 뒤 우리는 어슬렁어슬렁 출렁다리를 건너고 오르막을 한참 올라 마을 뒤에 있는 보리밭 언덕으로 갔다. 마침 히잡을 둘러쓴 모녀가 보리를 베고 있었다. 나는 늘 무거운 카메라를 목에 걸고 다니는 홍 시인이 대뜸 그들에게 망원 렌즈를 들이댈 거라고 생각했다. 그러나 뜻밖에도 그는 카메라를 내려놓고 다가가더니 그들로부터 낫을 받아들었다. 그리고는 아마도 10여분 정도 보리를 베어주었을 것이다.

숨쉬기도 어려운 고지대이고 그늘에 있어도 땀이 날 지경이건만, 홍 시인은 모녀가 감탄하고 내가 감동할 만큼 열심히 더위를 뚫고 보리를 베었다. 홍시인의 낫질은, 범인의 경지를 이미 소년시절에 넘어선 실력이다. 이 말의 증거로 나는 그가 원래 시골 태생이며, 대둔산 밑자락에 별로 소출도 없는 비산비야 1500평의 돌밭을 소유한, 그닥 부지런하지 않은 소지주임을 공개한다.

다시 보리 베기로 화제가 돌아가면, 홍시인은 그날 그 자리에서 한사코 사진 찍기를 거부해야 마땅한 무슬림 여인들의 히잡까지도 어느 틈에 벗게 하고 여러 장의 사진을 찍는데 성공했다. 사진만 찍은 것이 아니라 40대의 어머니와 10대 후반 소녀가 존경의 표시로 자진해서 손등에 입을 맞춰주는 영광까지도 누렸다.

그럼 홍시인의 그 꽃놀이패 시간에 나는 무엇을 하고 있었던가. 나는 한참 떨어진 작은 나무 그늘에 의지한 채 부러운 나머지 멍하니 그저 바라보고만 있었을 뿐이다. 홍 시인이 몸소 땀 흘리며 보리 베기를 하는 현장, 사진 찍는 현장, 손등에 입맞춤을 당하는 현장을 직접 보았고, 그 사진을 틈이 날 때마다 확대해서 감격스럽게 바라보는 모습도 나는 자주 보았다. 나는 그때 홍 시인이 늘 무겁게 목에 걸고 다니는 카메라가 사람의 마음과 시를 불러들이고 있다는 생각이 들었다(바로 그렇게 태어난 시가 이 시집에 수록된 「혼자 시편 3-보리 베는 소녀」이다).

사실 홍 시인이 처음 사진에 빠져들 때만 해도 나는 그저 괜찮은 카메라나 하나 장만한 뒤 호기심 치레 정도나 하는 줄 알았었다. 그러니까, 미색에 쏠려 지갑 힘 빠지는 걸 모르듯 카메라 장비와 사진 관련 지식이 늘어나서 어느새 사진 선수 급의 수준에 이를 때까지, 나는 그냥 대수롭지 않게 생각하고 있었던 것이다.

그러다가 작년 여름의 카일라스 트레킹 때 무겁고 부피 큰 삼각대가 짐 속에 자리 잡은 걸 보았는데, 올 여름 '카라코람 하이웨이'에도 그 삼각대를 지참하고 온 것이다. 그리고 장장 32박33일의 여행기간 동안 나는 그가 키르기즈스탄의 이식쿨 호수에서 일몰 사진을 찍는다고 딱 한 번 백사장에 그 삼각대를 펴놓고 있는 것을 보았다. 그 한 번을 위해 대전에서부터 무거운 삼각대를 챙겨가지고 여기까지 오다니… 이야말로 진정 사진을 좋아하지 않고서는 도달키 힘든 절대 매니아의 경지가 아닌가.

홍 시인의 사진 얘기를 이렇듯 장황하게 풀어내는 것은, 그의 시세계에 사진이 깊은 영향을 미치고 있다는 생각을 지울 수가 없기 때문이다. 확실히 요즘 그는 열심히 보려고

하고 또 자기가 본 것을 시로 치환시켜 남들에게 더욱 깊이 열성껏 인식시키려 한다. 그의 시가 이처럼 가시적 영상의 세계로 뻗어나간 데에는 그만한 사연이 있다는 것이 내 생각이다. 그의 직전 시집, 그러니까 제4시집 『깊이 들여다보다가』라는 타이틀에 그의 내면이 선명하게 압축돼 있지 않는가. 그의 지론에 의하면, 시나 사진이나 다 관찰과 기다림의 소산일 뿐이라는 것. 준비하고 꾸준히 기다리고 있지 않으면 어느 한 순간 '그 분'이 찾아왔을 때 그만 타이밍을 놓치고 만다는 것이다.

그런 점에서, 이제 나는 표정만 보고서도 그가 시의 영험에 젖어 지내는지 그렇지 않은지를 가려내기에 이르렀다. 시의 바다를 순항하고 있을 때와 그렇지 못할 때의 '홍순갑 시인' 얼굴은 다르다. 자신이 구현해 내려는 시 세계에 근접했을 때의 표정은, 구름 한 점 없는 청정하늘 속의 천상학이나 선인仙人을 방불한다. 그러나 시의 '그 분'을 애써 모시려 해도 전혀 왕림의 기색이 없을 때의 표정은, 지갑이나 휴대전화를 막 분실한 사람 또는 정체불명의 운전자에게 자기 차를 잔뜩 긁힌 사람의 표정과 다를 바가 없다.

시인이 아닌 내가 궁금한 것은, 시란 진정 홀연 깨닫는 순간에만 무지개처럼 불꽃놀이를 하는 돈오돈수頓悟頓修의 세계인가, 아니면 일정 경지에 이른 후 더욱 피나는 용맹정진 끝에 비로소 보상받는 돈오점수頓悟漸修의 세계인가 하는 점이다.

둘 중 홍 시인이 어느 쪽의 길을 가던 간에 내가 그를 '시인'이라고 시인한 것은, 그가 오랜 고행 끝에 이 시집에 수록된 「복사꽃 질 무렵」 외 몇 편의 시를 수확했을 때였다. 복숭아의 명산지 조치원 태생인 그는 고향에 갔다가 복사꽃이 지는 모습을 깊이 들여다 본 후 마침내 시의 '그 분'을 맞이했던 모양이다. 좀처럼 박수를 지치 않던 나는 그가 무안할 정도로 박수를 거듭하며 이렇게 부추겼다.

좋다. 독자인 나도 그 홍에 빠져드는 듯하다. 이만하면 꽃을 잘 보았고 또 본 것을 시로 잘 증류시켜내고 있다. 시의 전류가 독자인 내 마음에도 스파크를 일으킨다. 이런 식으로 계속 가면 더 깊고 높은 오묘한 시의 깨달음을 얻지않겠는가.

나 역시 좋은 작품이나 책을 보면 '쏠리는' 경향이 심한데, 그의 「복사꽃 질 무렵」 외에도 「풍설야귀인」 또는 「묵매도」나 「화안」 등등 몇몇 시들을 읽었을 때는 마치 동양화 병풍이 눈앞에 펼쳐지는 듯한 착시현상 까지도 느꼈었다. 시를 완상하는 독자 입장에서 본다면 한 번 읽은 뒤에도 그 시가 자주 생각나고 또 중탕 한약처럼 여러 번 읽고 또 읽어도 질리지 않는 시가 반가운 시 아니랴.

4. 우리는 '아말'이다

이제는 여러분께 그의 남다름 또는 무모함에 대해 고자질할 차례이다. 올 봄 그는 유난히도 자주 스마트 폰으로 경상북도와 강원도의 국도를 깊이 들여다보곤 했다. 그러다가 5월 7일 그로부터 불쑥 문자메시지가 하나 날아들었다. 아침 일찍 안동행 버스를 타고 와서 퇴계 묘소를 참배한 뒤 율곡 탄생지인 강릉 오죽헌을 향해 단신 도보여행에 나선 길이라고 적혀 있었다. 35번 국도를 따라 하루를 걸었고 태백으로 가는 도중 봉화군 명호면의 어느 허름한 숙소에서 몸을 눕히고 있다는 것이었다.

그리고 다음 날 저녁 무렵, 나는 다시 그로부터 청옥산 고갯마루에서 걷는 것을 포기하고 버스에 올라 강릉으로 가는 중이라는 문자를 받았다. 사연인즉, 국도의 길은 갓길이 있다없다 해서 버스나 트럭 같은 대형차들이 목숨을 앗아갈 듯 계속 달라붙고 그 바람에 모자가 날아가 목숨의 위협도 여러 차례 느꼈다는 것이다. 그리고 마나님의 권고를 받아들여 그 즉시 걸음을 멈추고 차에 올랐다는 것이었다. 그러니까 만약 그때 홍 시인이 도보여행을 멈추지 않았더라면 어쩌면 나는 천하의 여우旅友를 잃었을지도 모른다.

그런데 왜 홍 시인은 남들 같으면 전혀 엄두도 내지 않을, 좁아터진 국도의 단독 여정 길에 나섰을까. 왜 하필이면 퇴계와 율곡일까. 내가 아는 한, 홍시인 역시 자신이 선택한 방향으로 깊이 쏠리는 사람이다. 그는 카메라 광일 뿐더러 등산이나 걷기의 광이고, 자전거 광이고, UFC나 「주먹이 운다」 등 격투기 프로그램의 광이고, 도올 김용옥 선생의 강연을 즐겨 '다시보기'하는 광이고, 인터넷의 각종 화젯거리를 잘도 뒤져내는 전문 추적가이고, 또 누가 뭐래도 절대 끊지 않는 흡연광이기도 하지만, 사실 무엇보다 앞세워야 할 것은 그가 고대 스토아 철학자들을 닮은 사유思惟의 광이라는 점이다(그의 용모조차 그들과 점점 더 많이 닮아가고 있지 않은가!).

그러니까 홍 시인은 깊이 들여다보고 따지고 밝히는 쪽의 달인인 것이다. 내가 이 글의 첫머리에 《대전예술의전당》 벤치에서 만난 년월일과 시간 장소를 구체적으로 밝힌 것도 어쩌면 그의 영향에 물든 바가 크리라. 엉성한 변호사 풍인 나에 비하면 그는 평소 엘리트 특검검사 같은 모습으로 내 말을 되풀이 닦아세우고 확인하는 걸 즐겼으므로.

어쨌든, 그는 거의 500여 년 전에 활약하신 퇴계와 율곡을 흠모한 나머지 그분들을 기리려 '안동 강릉 간 단신 도보 장정'을 도모한 우리나라 최초의 현존시인일 것이다. 그러나 나는 이를 두고 100% 잘한 일이라고 박수칠 마음은 없다. 그는 세 아들과 네 명의 손자(그는 딸이 없고 아직 손녀도 없다)를 두고 있지만, 그보다는 내가 김사임당이라고 종종 일컫는 김현순 마나님 –그러니까 현실적으로 득 될 게 없는 일에만 몰두하는 남편을 묵묵히 바라봐주는 김여사님을 두고, 다시는 그런 모험을 하지 말라는 당부를 하고 있는 것이다. 앞으로 결혼 80주년을 맞으려면 좁은 길이건 넓은 길이건 혼자서 오래 걷는 모험은 삼가야 함이 옳을 터.

조선시대 성리학의 양대 거두이신 퇴계와 율곡이 35세의 나이 차이에도 불구하고 깊이 학문적인 교유를 나눈 데 감격했다면, 그 분들의 관련저작물을 한 권 더 구해 정독하는 것이 후세인의 도리가 아닐는지. 그러나 나는 전공이 산문이므로 이렇듯 퇴계와 율곡의 심오한 교감보다는, 퇴계와 무려 30세나 어린 기생 두향 간의 '아니면 말고' 식 달달하고 애잔한 스토리에 더 관심이 쏠리는 사람이다.

시와 거문고에 능했던 관기 두향은 단양군수로 부임한 퇴계에게 자신이 가꿔온, 막 피기 시작한 매화화분을 바친다. 그 후 두 사람은 급속히 가까워졌지만 퇴계가 9개월 만에 풍기 군수로 옮기면서 긴 이별에 들어가 마음으로만 정을 이어가고. 마침내 70의 나이에 퇴계가 세상을 떠나자 두향은 걷고 걸어 묘소에 참배한 뒤, 강선대 근처의 남한강 물에 뛰어들어 생을 마감했다는 이야기. 공교롭게도 퇴계는 "매화에 물을 주어라"라는 말씀을 마지막 유언으로 남겼다는데 그렇다면 두향은 자신이 매화가 되고 물이 되어 퇴계의 말씀을 목숨으로 봉행한 것인가……

나는 다만 퇴계 선생이 부럽고 존경스러울 뿐이다. 어즈버, 선생께서는 이미 학문으로도 태양이시고 후일담 또한 그에 버금가는 달이 되셨으니 모름지기 상과 하를 다 취하셨나이다. 그런데도 현세에 다시금 환생하시어 대한민국에서 가장 자주 통용되는 천원 권 지폐의 주인공으로서 어딘가를 '깊이 바라다보고' 계시온데, 행여 거기가 두향이 세상에서 마지막으로 어른을 추모한 강선대 근처가 아닐는지요.

마무리 삼아 고백을 보태자면, 홍시인과 나는 '아말 클럽'의 창립멤버이다. 아말. 되도록이면 집착을 버리고 담백한 마음으로 세상사에 임해보자는 뜻 '아니면 말고'의 줄임말……

해마다 봄이면 충북 단양에서 두향제가 열린다는데, 내년 그 즈음 나는 홍 시인을 재촉해서 두향제에 가볼 작정이다. 그러고 보니 홍 시인과 나는 거기 말고도 내년에 '가능하면 가보기로' 반쯤 약정한 데가 또 있지 않는가. 남미 대륙의 최남단, 태평양과 대서양 사이 마젤란 해협에 맞닿아 있다는 작은 도시 푼타 아레나스Punta Arenas.

한국인 아주머니가 운영한다는 민박집(언젠가 TV에 소개된 적도 있는데, 일본인 남편은 손님들에게 인근 일대의 가이드 역할까지 해준다고 함)에 들러 짐을 내려놓은 뒤, 홍시인은 여전히 목에 무거운 카메라를 걸고 나는 아픈 무릎을 견디며 어슬렁어슬렁 그림 같은 소도시의 여기저기를 돌아다닐 수만 있다면 그것만으로도 그냥 생생한 시詩의 판타지, 화안畵眼, 곧 홍시가 무르익는 현장이 아니겠는가. 그러나, 그러나 아직은 '아말'이다. 아직 갈지 말지도 확실치 않고 그 사이에 마음과 몸이 어떻게 달라질 지도 모르는데……

* 덧붙여서 : 이 글을 마치고나니 참 아쉽다. 나는 이 보다는 홍 시인에 대해 더 잘 조명할 수 있을 것이라고 믿었었다. 그런데 결과적으로 홍시를 잘 달구고 맛깔나게 익히지 못했다. 부족하다. 그러나 이제는 어쩔 수 없다. 홍 시인이 결혼 100주년 시집을 낼 때는, 정말 그때는 따끈따끈한 글로 이 빚을 갚아드릴 밖에. 아말.